BEI GRIN MACHT SICH IHR WISSEN BEZAHLT

- Wir veröffentlichen Ihre Hausarbeit, Bachelor- und Masterarbeit

- Ihr eigenes eBook und Buch - weltweit in allen wichtigen Shops

- Verdienen Sie an jedem Verkauf

Jetzt bei www.GRIN.com hochladen und kostenlos publizieren

Bibliografische Information der Deutschen Nationalbibliothek:

Die Deutsche Bibliothek verzeichnet diese Publikation in der Deutschen Nationalbibliografie; detaillierte bibliografische Daten sind im Internet über http://dnb.d-nb.de/ abrufbar.

Dieses Werk sowie alle darin enthaltenen einzelnen Beiträge und Abbildungen sind urheberrechtlich geschützt. Jede Verwertung, die nicht ausdrücklich vom Urheberrechtsschutz zugelassen ist, bedarf der vorherigen Zustimmung des Verlages. Das gilt insbesondere für Vervielfältigungen, Bearbeitungen, Übersetzungen, Mikroverfilmungen, Auswertungen durch Datenbanken und für die Einspeicherung und Verarbeitung in elektronische Systeme. Alle Rechte, auch die des auszugsweisen Nachdrucks, der fotomechanischen Wiedergabe (einschließlich Mikrokopie) sowie der Auswertung durch Datenbanken oder ähnliche Einrichtungen, vorbehalten.

Impressum:

Copyright © 2016 GRIN Verlag, Open Publishing GmbH
Druck und Bindung: Books on Demand GmbH, Norderstedt Germany
ISBN: 9783668340596

Dieses Buch bei GRIN:

http://www.grin.com/de/e-book/343207/das-leben-josef-mengeles-nach-1945-warum-wurde-er-nie-zur-rechenschaft

Lisa Krüger

Das Leben Josef Mengeles nach 1945. Warum wurde er nie zur Rechenschaft gezogen?

GRIN Verlag

GRIN - Your knowledge has value

Der GRIN Verlag publiziert seit 1998 wissenschaftliche Arbeiten von Studenten, Hochschullehrern und anderen Akademikern als eBook und gedrucktes Buch. Die Verlagswebsite www.grin.com ist die ideale Plattform zur Veröffentlichung von Hausarbeiten, Abschlussarbeiten, wissenschaftlichen Aufsätzen, Dissertationen und Fachbüchern.

Besuchen Sie uns im Internet:

http://www.grin.com/

http://www.facebook.com/grincom

http://www.twitter.com/grin_com

Fritz-Reuter-Gymnasium Dannenberg

- Oberstufenstandorte Dannenberg/Clenze -

Schuljahr: 2. Halbjahr 2015/2016 **Abiturjahrgang**: 2017

Facharbeit

Thema: Das Leben Josef Mengeles nach 1945 – Warum er nie für seine Taten zur Rechenschaft gezogen wurde

Verfasser/-in: Krüger, Lisa-Marie

Beginn der Bearbeitung: 01.02.2016

Abgabetermin: 14.03.2016

Inhalt

1.0 Einleitung 3
2.0 Das Leben von Josef Mengele 3
    2.1 Herkunft und Kindheit 4
    2.2 Medizinische Laufbahn 4
3.0 Medizinische Experimente an KZ-Häftlingen im Konzentrationslager Auschwitz Birkenau 6
    3.1 Zwillingsforschung 6
4.0 Die Flucht nach Kriegsende 7
    4.1 Tarnung in Wehrmachtsuniform 8
    4.2 Unterschlupf auf dem Lerchenhof 8
    4.3 Flucht über die „Rattenlinie" 9
    4.4 Deutscher Haftbefehl, Flucht, Leben in Brasilien und Tod 9
5.0 Warum wurde er nie zur Rechenschaft gezogen? 11
6.0 Fazit 12
7.0 Literaturverzeichnis 14
    7.1 Internetseiten 14
    7.2 Bücher 14
    7.3 Abbildungen 14

1.0 Einleitung

Die vorliegende Facharbeit hat den Titel „Das Leben Josef Mengeles nach 1945–Warum er für seine Taten nicht zur Rechenschaft gezogen wurde".

Josef Mengele war der Lagerarzt im Konzentrationslager Auschwitz Birkenau, das größte deutsche Vernichtungslager während der Zeit der Nationalsozialisten, und führte dort unter dem rassenideolgischen Vorwand Experimente an KZ-Häftlingen durch, um zum Beispiel die Verbreitung von „untergeordneten Rassen"[1] zu verhindern. Trotz seiner Menschenverachtenden Experimente wurde er nie für seine grausamen Taten zur Rechenschaft gezogen. Ich habe mich mit diesem Thema befasst, da ich in Geschichte sehr interessiert bin. Besonders die Zeit während der nationalsozialistischen Machtergreifung hat mich schon immer interessiert. Ich finde es fast schon unvorstellbar wie manipulativ die Nationalsozialisten vorgingen um ihre Rassenideologie zu etablieren und wie grausam ihre Vorgehensweise war, wenn es darum ging diese durchzusetzen. Aus diesem Grund ist es umso erschreckender, dass ein Kriegsverbrechen jahrelang Josef Mengele ohne Bestrafung davon gekommen ist.

Im Hauptteil werde ich mich genauer mit dem Leben von Josef Mengele beschäftigen und dabei sowohl auf seine medizinische Laufbahn, als auch auf seine Experimente an KZ-Häftlingen eingehen. Außerdem werde ich mich genauer mit seiner Flucht vor der Roten Armee[2] während der Nachkriegszeit befassen, damit die Leser dieser Facharbeit nachvollziehen können wieso der Lagerarzt von Auschwitz Birkenau nie gefasst wurde bzw. werden konnte. Das Ziel dieser Facharbeit ist es, zu verdeutlichen was für ein Unmensch Josef Mengele war und warum er nie für seine Taten bestraft wurde.

2.0 Das Leben von Josef Mengele

Wie bereits erwähnt, möchte ich nun genauer auf das Leben von Dr. Josef Mengele eingehen. Ich möchte sowohl seine Herkunft und Kindheit, als auch seine medizinische Karriere darstellen. Von anderen wurde der Lagerarzt häufig als ein „auffallend gut aussehender SS-Angehöriger"[3] (Vgl. Abb. 1) beschrieben, jedoch galt er auch als unberechenbar, schnell aufbrausend und sehr grausam, wie die Aussage von Anna Sussmann, einer Insassin beschreibt:

---

[1] Juden, Kranke und auch Menschen mit einer Behinderung werteten- ihrer Meinung nach- die Qualität der arischen Rasse ab.
[2] Sowjetische Arbeiter- und Bauernarmee.
[3] Mengele-Verfahren, Bd. 16, zitiert nach: Klee, Ernst: "Auschwitz", Frankfurt am Main, 2013, S.86.

„Die Wehen begannen beim Zählappell. Ich musste trotzdem Habtacht[4] stehen. Als der Appell endlich vorüber war, musste ich mich in den Block hineinschleichen. Unter Decken habe ich entbunden. Es war ein Bub, der gelebt hat. Obwohl ich mich sehr zurückgehalten habe, habe ich doch einen Schrei ausgestoßen. Diesen Schrei hörte Mengele. Er nahm das Kind und warf es ins offene Feuer."[5] Mit den folgenden Punkten möchte ich verdeutlichen, welche Geschehen und Ereignisse Dr. Josef Mengeles Leben geprägt haben und womöglich dazu beigetragen haben, ihn zu diesem skrupellosen und grausamen Mensch zu formen.

2.1 Herkunft und Kindheit

Josef Mengele wird am 16. März 1911 als ältester von drei Söhnen von Karl Mengele und Walburga Mengele (geb. Hupfauer) in Günzburg geborgen. Die Familie besitzt den Landmaschinenbetrieb „Karl Mengele & Söhne" und beschäftigte um 1959 rund 2000 Mitarbeiter weltweit. Die Familie gehörte dem Katholizismus an und galt als national-konservativ geprägt. Karl Mengele war Mitglied in der DNVP[6] und ab 1933 auch Mitglied in der NSDAP[7]. Im Jahr 1932 stellte er außerdem Adolf Hitler eine Fabrikhalle für einen Wahlkampfauftritt zur Verfügung. Josef Mengele ging von 1923 bis 1930 in Günzburg auf das Gymnasium und trat mit dreizehn Jahren (1924) dem Großdeutschen Jugendbund[8] bei. Zwischen 1927 und 1930 hatte Josef Mengele das Amt des „Ältestenführers" in der Jugendpartei angenommen. [9]

2.2 Medizinische Laufbahn

Im Jahr 1930 erhielt Mengele sein Reifezeugnis und absolvierte das Gymnasium mit einem durchschnittlichen Abitur. 1931 trat er dem Jungstahlhelm[10] bei und mit 19 Jahren begann er sein Medizinstudium in München, wechselte jedoch nach dem dritten Semester nach Bonn. Im Sommer 1933 kam er wieder zurück nach München, nachdem er ein Semester in Wien verbrachte. Er promovierte im Jahr 1935 an der Ludwigs-Maximillians-Universität für Medizin in München mit dem Thema „Rassenmorphologische Untersuchungen des vorderen Unterkieferabschnitts bei vier rassischen Gruppen" und erhielt die Höchstnote. Nun hatte er offi-

---

[4] Stramme (militärische) Haltung.
[5] Mengele-Verfahren, Bd. 16, zitiert nach: Klee, Ernst: "Auschwitz", Frankfurt am Main, 2013, S. 78.
[6] Deutsch-Nationale Volkspartei.
[7] Nationalsozialistische Deutsche Arbeiterpartei.
[8] Politisch rechtskonservativ und monarchistisch ausgerichtete Jugendpartei.
[9] Vgl. Online 1 (Zugriff am 06.02.2016 18:22 Uhr).
[10] Bewaffnete Untereinheit der DNVP.

ziell den Titel Dr. Phil.[11] erlangt. 1936 bestand er das medizinische Staatsexamen und führte ein viermonatiges Praktikum in der Kinderklinik der Universität Leipzig aus. Danach nahm er eine Stelle am Universitäts-Institut für Erbbiologie und Rassenhygiene in Frankfurt am Main an, welches von Ottmar Freiherr von Veschuer[12] (Vgl. Abb. 2) geleitet wurde. Ottmar Freiherr von Verschuer soll auch derjenige gewesen sein, der Josef Mengeles Interesse für rassenbiologische Themen geweckt hat. Am 1. September 1937 wurde er des Weiteren an dem Institut als Assistenzarzt übernommen und trat im gleichen Jahr noch der NSDAP bei. Anschließend heiratete er im Jahr 1939 Irene Schoenbein, die er zuvor in Leipzig kennenlernte (Vgl. Abb. 3). Ihr gemeinsamer Sohn Rolf Mengele wurde im Jahr 1944 geboren. Am 15. Juni 1940 wurde Mengele erstmals von der Wehrmacht angefordert und bald darauf meldete er sich freiwillig als Mitglied der Waffen-SS. Im Januar 1942 nahm er am Russlandfeldzug[13] als Truppenarzt teil und wurde mehrfach ausgezeichnet, unter anderem mit dem Eisernen Kreuz I. und II. Klasse[14] und des Weiteren zum SS-Obersturmführer befördert.[15] Bereits Anfang 1943 kehrte er von der Front aufgrund einer Verwundung zurück und wurde als SS-Ersatzbataillon „Ost" eingesetzt und im April 1943 zum SS-Hauptsturmführer ernannt. In dem darauf folgenden Jahr wurde er am 24. Mai nach Auschwitz- Birkenau versetzt und fungierte dort als leitender Lagerarzt des „Zigeunerlagers" (Lagerabschnitt Blle[16]). Grund für die Versetzung war wahrscheinlich, dass der damalige leitende Lagerarzt des „Zigeunerlagers", Benno Andolph an Scharlach erkrankt und längerfristig nicht einsetzbar war. Zu diesem Zeitpunkt war Mengele nur einer von vielen Ärzten im Konzentrationslager Auschwitz und unterstand dem SS-Standortarzt Eduard Wirths (Vgl. Abb. 5). Nachdem das Zigeunerlager im Mai 1944 gewaltsam aufgelöst wurde, wurde Mengele unter anderem als leitender Arzt des Lagerabschnitts Bllf eingesetzt.

Dort befand sich das Häftlingskrankenbaulager. Sein Aufgabengebiet als Lagerarzt war es Seuchen zu bekämpfen, also die Lagerhygiene herzustellen und außerdem die medizinische Versorgung der Inhaftierten zu gewährleisten. Er beaufsichtigte die Vergasungen, diverse Hinrichtungen, Tötungen durch Phenolinjektionen, Prügelstrafen und das Selektieren der Inhaftierten. Der Zweck des Häftlingskrankenbaulagers war also zum einen die schnellstmögli-

---

[11] Hat nicht Philosophie studiert. „Phil." steht für Abschluss in Anthropologie was damals als Geisteswissenschaft galt.
[12] Führender Rassenhygieniker der NS-Zeit, Humangenetiker und Zwillingsforscher.
[13] Angriff deutscher Wehrmacht auf Sowjetuino ohne Kriegserklärung.
[14] Kriegsauszeichnung des höchsten Ranges.
[15] Vgl. Online 2 (Zugriff am 20.02.2016 14:32 Uhr).
[16] Vgl. Abbildung 1.

che Heilung der leicht erkrankten Arbeitskräfte und zum anderen die sofortige Auslese und Tötung der schwer erkrankten und nicht arbeitsfähigen Inhaftierten.[17]

3.0 Medizinische Experimente an KZ-Häftlingen im Konzentrationslager Auschwitz Birkenau

Durch die Experimente an den Insassen des Konzentrationslagers Auschwitz Birkenau sollte Dr. Josef Mengele eine Antwort auf die Frage finden: „Wie könnte man die Fortpflanzungsfähigkeit der deutschen Bevölkerung der Maßen [sic] steigern, daß [sic] sie den Belangen einer groß angelegten deutschen Besiedlung der besetzen Gebiete in den Staaten Osteuropas genügt."[18] Aus den im Lager eintreffenden Transporten wurden gleich zu Beginn eineiige Zwillinge und Zwergwüchsige herausgefiltert. Mengeles Ansicht nach waren sie besonders für derartige Experimente geeignet. Dr. Josef Mengele wusste welche Gelegenheit sich ihm bot. Er konnte uneingeschränkt und skrupellos seine pseudomedizinischen Experimente durchführen.

Unter anderem führte er sogenannte Übungsoperationen ohne Betäubung an Häftlingen durch oder infizierte diese mit tödlichen Krankheiten um Vergleichsanalysen durchzuführen.[19] Im Folgenden möchte ich genauer auf das Hauptinteressengebiet des Lagerarztes von Auschwitz eingehen.

3.1 Zwillingsforschung

Wenn ein neuer Güterzug das Konzentrationslager Auschwitz erreichte, stand Josef Mengele zusammen mit anderen Ärzten an der Verladerampe um die Neuankömmlinge zu selektieren. Lediglich durch eine kurze optische Beurteilung entschied er welche Leute arbeitsfähig waren und welche nicht. Die arbeitsfähigen wurden durch eine bloße Handbewegung oder durch einen nach rechts gehaltenen Daumen nach rechts geschickt Diese Geste sicherte vorübergehend ihr Leben. Unter den Leuten die nach links geschickt wurden befanden sich Alte, Kranke und meist auch Frauen und Kinder. Sie wurden direkt in die Gaskammer, in den Tod geschickt. (Vgl. Abb. 6) Diese Selektionen fanden täglich im Lager selbst statt um die kranken und die von der Arbeit halb zu Tode erschöpften Menschen von den weiterhin Arbeitsfähigen

---

[17] Vgl. Online 3 (Zugriff am 22.02.2016 19:22 Uhr).
[18] Vgl. Franciszek Piper „Auschwitz Geschichte und Wirklichkeit des Vernichtungslagers", Rohwohlt Taschenbuch Verlag GmbH, Reinbeck bei Hamburg, Februar 1980, S. 138.
[19] Vgl. Online 1 (14.02.2016 09:34 Uhr).

zu trennen.[20] Die Häftlingsärztin Marie Stoppelmann mit der Häftlingsnummer 82325 war selbst im Konzentrationslager Auschwitz Birkenau inhaftiert und berichtete: „Im Gegensatz zu anderen SS-Ärzten war bei Mengele auffällig, dass er bei Selektionen in besonders guter, fast fröhlicher Stimmung war."[21] Dies lag daran, dass er gleich bei den Selektionen an der Rampe nach Zwillingen geschrien haben soll. Die Zwillingsforschung war sein Hauptinteressengebiet und bereitete ihm offenbar viel Freude. Die Zwillingspaare lebten in ihrer eigenen Baracke, welche auch „Zwillingblock" genannt wurde. Die Pflegerin Elzbieta Warszawska mit der Häftlingsnummer 46506, wurde ab 1944 in der Baracke der Zwillinge eingesetzt. Sie berichtete von „350 Zwillingspaaren, also 700 Personen im Alter von 5-17 Jahren" [22] die sich dort aufhielten. Seine ersten Untersuchungen an Zwillingen beschränkten sich auf die Vermessung und den Vergleich von Schädel, Ohren, Augen und Blut der Kinder. Der Häftling Dina Gottliebowa fertigte zahlreiche Zeichnungen von Köpfen, Ohrmuscheln und anderen Körperteilen von Zwillingen zu Vergleichszwecken an. Des Weiteren veranlasste Dr. Josef Mengele Bluttransfusionen zwischen Zwillingen und diverse ungeschützte Röntgenaufnahmen (Vgl. Abb. 7). Für die Vergleichsanalyse der inneren Organe bei den Zwillingspaaren war natürlich der Tod von beiden Geschwistern gleichzeitig notwendig. Da unter normalen Umständen das Zwillingspaar aber nicht gemeinsam starb, ließ Dr. Mengele den noch lebenden Zwilling mit einer tödlichen Phenolinjektion[23] ins Herz töten. Er verglich anschließend die inneren Organe der toten Geschwister. Die Gesamtdokumentationen und Analysen seiner pseudomedizinischen Experimente wurden seit Beginn seiner Arbeit in Auschwitz zusammen mit anatomischen Präparaten zwecks genauerer Untersuchung in das Institut für Rassenbiologie und Anthropologische Forschung nach Berlin geschickt.[24]

4.0 Die Flucht nach Kriegsende

Am 27. Januar 1945 wird das Konzentrationslager Auschwitz Birkenau von der sowjetischen Armee befreit. Bereits zehn Tage zuvor flieht Mengele vor der Bedrohung. Sein Ziel ist das Konzentrationslager Groß-Rosen in Niederschlesien, mit seinen wichtigsten medizinischen Unterlagen im Gepäck. Von dort aus fährt er weiter nach Berlin um neue Befehle vom Wirt-

---

[20] Vgl. Online 3 (Zugriff am 14.02.2016 22:01 Uhr).
[21] Mengele-Verfahren, Bd. 16, zitiert nach: Klee, Ernst: "Auschwitz", Frankfurt am Main, 2013, S.83.
[22] Mengele-Verfahren, Bd. 31, zitiert nach: Klee, Ernst: "Auschwitz", Frankfurt am Main, 2013, S. 44f.
[23] Substanz schädigt Nieren, Blut, Zentralnerven– und Herz–Kreislaufsystem akut. Bei oraler Aufnahme wirkt bereits 1g auf einen ausgewachsenen Menschen tödlich.
[24] Vgl. Franciszek Piper „Auschwitz Geschichte und Wirklichkeit des Vernichtungslagers", Rohwohlt Taschenbuch Verlag GmbH, Reinbeck bei Hamburg, Februar 1980, S. 138 f.

schafts- und Verwaltungshauptamt einzuholen. Nach einem kurzen Aufenthalt in Berlin kehrt er zurück in das Konzentrationslager Groß-Rosen, wo er den Posten als neuen Standortarzt einnimmt. Dort bleibt Dr. Josef Mengele aber auch nur wenige Tage, bis er erneut vor der sowjetischen Armee fliehen muss. Er flieht in das Außenlager Reichenau.[25] Im Folgenden möchte ich genauer auf die Flucht von Mengele vor der Roten Armee eingehen.

4.1 Tarnung in Wehrmachtsuniform

Nachdem Dr. Josef Mengele in das Außenlager Reichenau geflohen ist, setzt er seine Flucht nach Westen fort. Dort trifft er auf ein Wehrmachtslazerett und schließt sich dem an. Dabei tauscht er seine SS- Uniform gegen eine Uniform der Wehrmacht ein.

Die Einheit befand sich auf dem Rückzug entlang des Erzgebirges und erreicht im Juni 1945 Bayern, wo sie von der US-Armee im Kriegsgefangenenlager Schauenstein festgehalten wurden. Da Josef Mengele aber nicht wie üblich unter SS-Angehörigen seine Blutgruppe an der Innenseite des Oberarmes tätowiert hatte (Vgl. Abb. 8), keinen Ausweis dabei hatte, falsche Namen benutzte und Freunde[26] von ihm für ihn logen, wurde er nie als ein Mitglied der SS beziehungsweise als KZ-Arzt entlarvt. Anfang August wurde er unter dem falschen Namen „Fritz Hollmann" entlassen, obwohl er bereits seit Mai 1945 auf der Liste der Kriegsverbrecher aufgeführt war.[27]

4.2 Unterschlupf auf dem Lerchenhof

Kurz nachdem er das Kriegsgefangenenlager verlassen hat, führte Mengele seine Flucht weiter nach Günzburg, wo er sich Ende August einige Wochen im Wald versteckte und seine Angehörigen ihn mit Lebensmitteln versorgten. Da dies aber kein Unterschlupf von Dauer war, arbeitete der gesuchte KZ-Arzt ab September 1945, getarnt als Knecht auf einem Bauernhof in Mangolding, dem Lerchenhof. Dort lebte er bis 1948 und verrichtete die Arbeit eines gewöhnlichen Stalljungen.[28]

---

[25] Vgl. Online 3 (Zugriff am 19.02.2016 17:04 Uhr).
[26] Die Namen der Freunde wurden nie herausgefunden.
[27] Vgl. Online 3 (Zugriff am 15.02.2016 18:46 Uhr).
[28] Vgl. Online 2 (Zugriff am 21.02.2016 20.13 Uhr).

4.3 Flucht über die „Rattenlinie"

Im Sommer 1948 beschloss Mengele dann seine Flucht nach Argentinien fortzusetzen und begann diese zu planen. Im April 1949 verließ er seine damalige Heimat, den Lerchenhof und machte sich auf den Weg nach Italien. Er erhielt von Kontaktmännern einen weiteren gefälschten Ausweis unter dem Namen „Helmut Gregor", überquerte die Grenze und erreichte Genua.

In Genua bekam er durch Bestechung fast schon problemlos einen Roten-Kreuz-Pass vom Schweizer Konsulat und somit hatte er die Möglichkeit am 25. Mai 1949 mit dem Schiff „North King" nach Argentinien zu gelangen. Am 20. Juni erreichte er Buenos Aires und beantragte dort einen Fremdenpass auf den Namen „Helmut Gregor". Die Route, die Dr. Josef Mengele wählte war damals auch als die „Rattenlinie" bekannt. Sie war ein Weg der von dem Kameradenwerk[29] für Kriegsverbrecher organisiert wurde.[30] (Vgl. Abb. 9)

4.4 Deutscher Haftbefehl, Flucht, Leben in Brasilien und Tod

In Argentinien brauchte er sich zunächst keine Gedanken um seine Existenz machen, da seine Familie aus Günzburg ihn finanziell unterstützte. Der Landmaschinenbetrieb seiner Eltern hatte während der Nachkriegszeit einen Aufschwung erfahren und aus diesem Grund konnten sie ihren geflohenen Sohn finanziell unterstützen. 1945 wurde er dann offiziell von seiner Frau Irene geschieden. Die Scheidungspapiere unterzeichnete er aber mit seinem richtigen Namen Josef Mengele. Nach der Scheidung begann er den Kontakt mit seiner verwitweten Schwägerin Martha aufzunehmen und traf sich mit ihr im Jahr 1956 in der Schweiz (Vgl. Abb. 10). Er flog erneut unter einem falschen Namen, dieses Mal unter dem Namen „Helmut Gregor" und machte zusammen mit Martha und seinem Sohn Rolf ein paar Wochen Urlaub in der Schweiz. Rolf wusste nicht, dass Mengele sein Vater war. Er wurde ihm als Onkel vorgestellt. Zurück in Argentinien, beantragte Dr. Mengele Ausweispapiere bei der deutschen Botschaft in Buenos Aires um Martha heiraten zu können. Ohne Probleme wurde ihm ein deutscher Pass auf seinen richtigen Namen ausgestellt, da gegen ihn kein Haftbefehl vorlag und nicht jeder Name mit der Liste der international gesuchten Kriegsverbrecher abgeglichen

---

[29] Fluchtorganisation gegründet von Hans-Ulrich Rudel (Schlachtflieger und Offizier der Wehrmacht).
[30] Vgl. Online 2 (Zugriff am 21.02.2016 21:05 Uhr).

wurde. Das offenbart einen weiteren Grund, warum Mengele nicht gefunden wurde: die Nachlässigkeit der zuständigen Behörden.[31]

Am 28. Juli 1958 heiraten Josef und Martha. Erst am 25. Februar 1959 wurde gegen Dr. Josef Mengele ein Haftbefehl erlassen. Grund dafür, dass man überhaupt erst aufmerksam auf ihn wurde war das Buch „Das Tagebuch der Anne Frank", geschrieben von Ernst Schnabel. In dem Buch wird Mengele erwähnt und auch beschrieben, dass niemand wisse ob Mengele tot sei oder wo er sich zurzeit aufhielte.

Nach der Veröffentlichung des Buches kam ein anonymer Brief in der Redaktion an, in dem es heißt, dass jemand aus Günzburg wisse wo sich Mengele aufhielte. Der Brief wurde an die Staatsanwaltschaft übergeben, der Haftbefehl erlassen und Mengele tauchte in Paraguay unter. Er floh zunächst in den Süden Paraguays und beantragte anschließend die Staatsbürgerschaft unter dem Namen „José Mengele".[32]

Da Paraguay damals unter dem Diktator Stroessner[33] stand, gab es keinen Auslieferungsvertrag mit Deutschland. Trotzdem wusste Mengele, dass er sich nicht in Sicherheit befand. Da der Mossad[34] im Jahr 1958 beschlossen hatte mindestens einen Nazi zu verhaften und in Israel vor Gericht zu stellen und bereits am 11. Mai 1960 Adolf Eichmann[35] vom Mossad nach Jerusalem verschleppt wurde, war sich Mengele sicher, dass der Mossad ihm auch bald auf die Spur kommen würde. Adolf Eichmann wurde anschließend in Israel vor Gericht gestellt und hingerichtet.[36]

In panischer Angst packte Josef Mengele seine Sachen und floh nach Brasilien. Man ist sich nicht sicher, wie nah der Mossad Mengele tatsächlich kam, aber sicher ist, dass sie seine Spur bis nach Brasilien verfolgen konnten und sich sicher waren, ihn gefunden zu haben. Die Ermittlungen wurden jedoch abrupt eingestellt. Als Grund gab der ehemalige Geheimagent Rafi Eitan an, dass sie erst nach der Verhaftung von Eichmann ebenfalls den Auftrag bekamen Mengele zu verhaften. Da dieser aber gerade verreist wäre, sollen sie auf ihn warten und ihn später zusammen mit Eichmann einfliegen. Die Geheimagenten sprachen sich aber dagegen aus um die Überführung Eichmanns nicht zu gefährden. Später, so heißt es, hatten sie die Gelegenheit Dr. Mengele mit Hilfe eines Scharfschützen zu töten. Dies wäre aber nicht in

---

[31] Vgl. Online 3 (Zugriff am 22.02.2016 18:29 Uhr).
[32] Vgl. Online 3 (Zugriff am 22.02.2016 19:58 Uhr).
[33] Alfredo Stroessner, Präsident von Paraguay von 1954 bis 1989.
[34] Israelischer Geheimdienst.
[35] SS-Sturmbannführer.
[36] Vgl. Online 2 (Zugriff am 22.02.2016 21:17 Uhr).

ihrem Sinne, da jeder Kriegsverbrecher vor ein Gericht gestellt werden müsse und der Mossad nicht auf Rache, sondern auf Gerechtigkeit aus sei.[37]

In Brasilien lebte er sehr zurückgezogen. Zuerst versteckte er sich auf abgelegenen Farmen, ab 1975 lebte er aber in einem verarmten Viertel von Sao Paolo. Durch die Auschwitz-Prozesse[38] wuchs das Interesse an Josef Mengele enorm. Manche waren sich sicher er sei längst tot, andere glaubten er lebe noch in Günzburg. So bildeten sich viele Mythen und Legenden um den Aufenthaltsort von dem ehemaligen Arzt des Vernichtungslagers Auschwitz Birkenau. Tatsächlich starb Josef Mengele an einem Schlaganfall beim Schwimmen während seines Sommerurlaubs mit der Familie Bossert[39] im brasilianischen Bertioga am 07. Februar 1979. Er wurde wenige Tage später auf dem Friedhof Nossa Senhora de Rosario unter dem Namen „Wolfgang Gerhard" beerdigt.[40]

5.0 <u>Warum wurde er nie zur Rechenschaft gezogen?</u>

Obwohl Dr. Josef Mengele pseudomedizinische Experimente an KZ-Häftlingen des Konzentrationslagers Auschwitz Birkenau durchführte und Menschen zum einen Teil skrupellos tötete, zum anderen Teil aber auch viele Häftlinge einen grausamen und qualvollen Tod unter seiner Hand starben, musste er sich nie für seine Verbrechen verantworten. Im Folgenden möchte ich genauer beleuchten, wieso er nie entlarvt und so wie andere NS-Verbrecher verurteilt und hingerichtet wurde.

Als erstes muss gesagt werden, dass Josef Mengele ein außerordentlich intelligenter Mann war. Das Gymnasium schloss er zwar nur mit einem durchschnittlichen Abitur ab, jedoch bekam er für seine Promotion die Höchstnote. Er wurde auch immer wieder als gut aussehend und charmant beschrieben. Seine Intelligenz half ihm beim Planen seiner Flucht und sein, wie bereits erwähnt, ansprechendes Aussehen in Kombination mit seiner charmanten Art machten es ihm leicht, immer wieder neue Kontakte zu knüpfen, die ihm auf der Flucht halfen. Des Weiteren benutzte er oft falsche Namen wie zum Beispiel „Fritz Hollmann", „Wolfgang Gerhard", „Helmut Gregor" oder „José Mengele". Dies führte den Mossad oftmals auf die falsche Spur und verschaffte Mengele die nötige Zeit um seine weitere Vorgehensweise zu planen. Es war jedoch ein Wunder, dass überhaupt jemand nach ihm suchte. Mengele galt als

---
[37] Vgl. Online 4 (Zugriff am 09.03.2016 19:41 Uhr).
[38] 1963-1965.
[39] Liselotte und Wolfram Bossert, einzige Bezugspersonen und Freunde von Josef Mengel in Brasilien.
[40] Vgl. Online 2 (Zugriff am 22.02.2016 22:39 Uhr).

verstorben, da seine damalige Frau die Rolle der Witwe spielte um ihren Mann zu schützen. Obwohl die Ermittler ihr gegenüber eine kritische Haltung einnahmen, wurden keine Ermittlungen angestellt. Aus diesem Grund wurde Josef Mengele auch nicht bei den Nürnberger-Ärzte Prozessen im Jahr 1946 angeklagt. Die westlichen Siegermächte waren ab 1945 viel mehr mit dem kalten Krieg und dem Wiederaufbau des Nachkriegs-Deutschlands beschäftigt, als mit der Verfolgung der NS-Verbrecher. Quellen waren kaum vorhanden da die Archive im Osten nicht zugänglich waren und dementsprechend konnten nicht viele Ermittlungen angestellt werden.[41] Von hunderten Medizinern die pseudomedizinische Experimente unter rassenideologischem Vorwand durchführten mussten sich nur 20 Ärzte vor dem amerikanischen Militärtribunal verantworten. Sieben von ihnen wurden zum Tode verurteilt.[42] (Vgl. Abb. 11)

Auf Dr. Josef Mengele wurde man erst nach der Veröffentlichung des Buches „Das Tagebuch der Anne Frank" aufmerksam. Erst dann begann man (vergeblich) nach ihm zu suchen.

Zusammenfassend kann also gesagt werden, dass er eine angesehene und reiche Familie hatte, die ihn während seiner Flucht durch Lebensmittel versorgte. Durch sie musste er sich außerdem um seine finanziellen Ausgaben keine Gedanken machen. Seine Beziehungen zur Wehrmacht verhalfen ihm über die „Rattenlinie". Außerdem wurde Mengele nur durch seine eigene Eitelkeit nicht als SS-Mitglied entlarvt, da er nicht die, für die SS typische Tätowierung der Blutgruppe hatte. Auch dass Paraguay damals keinen Auslieferungsvertrag mit Deutschland hatte, nutzte Mengele aus und konnte somit einer Strafe entkommen. Mengele konnte aber nicht nur durch seine charmante Art, seine Intelligenz und seine reiche Familie unerkannt fliehen, oftmals hatte er auch einfach nur Glück. Der israelische Geheimdienst wusste zwar über den Aufenthaltsort von Mengele Bescheid, hat ihn aber zwei Mal laufen lassen um erstens die Überführung Eichmanns nicht zu gefährden und um zweitens nicht aus Rache zu töten.

6.0 Fazit

Das Ziel dieser Facharbeit war es zu verdeutlichen, was für ein grausamer Mensch Josef Mengele war und warum er sich nie für seine Taten vor Gericht verantworten musste. Die erste These konnte unter anderem durch Zeugenaussagen, zum Beispiel von der Insassin Marie Stoppelmann untermauert werden. Allein seine Biographie beziehungsweise seine medizi-

---

[41] Vgl. Online 5 (Zugriff am 07.03.2016 20:10 Uhr).
[42] Vgl. Online 6 (Zugriff am 07.03.2016 20:23 Uhr).

nische Laufbahn und die damit verbundenen Experimente an Kindern zeugen von einer Unmenschlichkeit Josef Mengeles, die kaum vorstellbar ist. Dr. Josef Mengele war ein grausamer Mörder. Er tötete unzählige unschuldige Menschen nur um sein pseudomedizinisches Gedankengut in die Realität umsetzen zu können.

Die Frage, warum Mengele nie gefasst wurde, habe ich insofern behandelt und beantwortet, als dass ich auch hier seine biographischen Stationen, insbesondere die seiner Flucht einbezogen und den „Mensch" Mengele beleuchtet habe. Er wurde nicht zur Rechenschaft gezogen, weil er einerseits sehr intelligent und charmant war, gut aussehend auf andere wirkte, die richtigen Beziehungen hatte und aus einem reichen Elternhaus kam. Andererseits war Mengele aber oft zur richtigen Zeit am richtigen Ort. Eine ordentliche Portion Glück und Intelligenz gepaart mit seinen Eigenschaften sorgten dafür, dass Josef Mengele nie für seine unmenschlichen Taten zur Rechenschaft gezogen wurde. Es bleiben jedoch noch viele Fragen in Bezug auf Mengele und seine Flucht offen, deren Klärung eine tiefere und ausführlichere Recherche beinhalten würde und deren Umfang die vorgegebene Seitenanzahl der vorliegenden Facharbeit bei Weitem sprengen würde. Um die Frage „Warum wurde Josef Mengele nie zur Rechenschaft gezogen?" tiefgehend beantworten zu können, müsste man weitere Nachforschungen anstellen. Wer waren zum Beispiel die Kontaktmänner, die ihm 1949 einen falschen Ausweis unter dem Namen „Helmut Gregor" besorgt haben? Ein weiterer Aspekt, der Fragen aufwirft, ist warum er die Scheidung von seiner ersten Frau Irene verlangte. War er zu dieser Zeit schon in seine Schwägerin Martha verliebt, oder gab es andere Gründe? Wie hoffentlich deutlich wurde, gibt es noch viele offene Fragen, auf die ich bei der Erarbeitung des Themas gestoßen bin und deren Recherche und Behandlung zu umfassend für diese Facharbeit gewesen wären.

7.0 Literaturverzeichnis

7.1 Internetseiten

Online 1: https://www.dhm.de/lemo/biografie/biografie-josef-mengele.html

Online 2: https://forschungsstelle.files.wordpress.com/2014/01/100-jahre-goethe-uni- und-dr-mengele-vortrag-ortmeyer-4er.pdf

Online 3: http://mengele.cellarius.de/biographie_mengele_2.php

Online 4: http://www.spiegel.de/spiegel/print/d-59889991.html

Online 5: http://www.zeit.de/online/2009/07/ns-verbrecher-josef-mengele

Online 6: http://www.deutschlandradiokultur.de/der-aerzteprozess.1134.de.html?dram:article_id=177168

7.2 Bücher

Franciszek Piper „Auschwitz Geschichte und Wirklichkeit des Vernichtungslagers", Rohwohlt Taschenbuch Verlag GmbH, Reinbeck bei Hamburg, Februar 1980.

Mengele-Verfahren, Bd. 16, zitiert nach: Klee, Ernst: "Auschwitz", Frankfurt am Main, 2013.

7.3 Abbildungen

Die genannten Abbildungen sind unter den folgenden Links zu finden:

Abbildung 1, Josef Mengele:
http://img02.deviantart.net/430e/i/2011/321/2/5/josef_mengele_1_by_kakudanworld-d4gh9w1.png
(Zugriff am 09.03.2016 22:26)

Abbildung 2, Otmar Freiherr von Veschuer:
http://www.harnackhaus-berlin.mpg.de/4172305/standard_full.jpg
(Zugriff am 09.03.2016 22:27)

Abbildung 3, Foto von Irene Schoenbein und Josef Mengele als Paar:
http://img.photobucket.com/albums/v154/casinostar/IreneyJosef.png
(Zugriff am 09.03.2016 22:29)

Abbildung 4, Übersicht der Lagerabschnitte von Auschwitz Birkenau:
https://shoaportalvienna.files.wordpress.com/2015/02/auschwitz-ii-birkenau-lagerplan-1942.jpg
(Zugriff am 09.03.2016 22:30)

Abbildung 5, Eduard Wirths, SS-Standortarzt in Auschwitz:
http://cdn1.spiegel.de/images/image-638290-galleryV9-mnhv-638290.jpg
(Zugriff am 09.03.2016 22:38)

Abbildung 6, Selektionen an der „Rampe" durch Ärzte in Auschwitz:
http://polpix.sueddeutsche.com/polopoly_fs/1.2131189.1453910939!/httpImage/image.jpg_gen/derivatives/860x860/image.jpg
(Zugriff am 09.03.2016 22:40)

Abbildung 7, Roma-Kinder aus Zwillingsblock:
http://degob.org/photos/9-2-10.jpg
(Zugriff am 09.03.2016 22:42)

Abbildung 8, Überprüfung der Blutgruppentätowierung:
https://c1.staticflickr.com/9/8243/8518153479_53c3b1c3eb_b.jpg
(Zugriff am 09.03.2016 22:44

Abbildung 9, Organisierter Fluchtweg für Kriegsverbrecher, auch „Rattenline" genannt:
http://cdn2.spiegel.de/images/image-842621-panoV9free-loau-842621.jpg
(Zugriff am 09.03.2016 22:45)

Abbildung 10, Martha Mengele:
http://photos.geni.com/p13/64/5c/21/85/5344483a9ef4becc/martha_maria_large.jpg
(Zugriff am 09.03.2016 22:47)

Abbildung 11, Anklagebank der Nürnberger Ärzteprozesse:
http://www.deutschlandradiokultur.de/media/thumbs/d/d6c62dda93e7a2023401b45ddbc977cav2_max_491x368_b3535db83dc50e27c1bb1392364c95a2.jpg
(Zugriff am 09.03.2016 22:53)

BEI GRIN MACHT SICH IHR WISSEN BEZAHLT

- Wir veröffentlichen Ihre Hausarbeit, Bachelor- und Masterarbeit

- Ihr eigenes eBook und Buch - weltweit in allen wichtigen Shops

- Verdienen Sie an jedem Verkauf

Jetzt bei www.GRIN.com hochladen und kostenlos publizieren